페이퍼 가든

페이퍼 커팅으로 만나는 꽃과 동물의 정원

SUI 지음

제우미디어

SUI
일러스트레이터이자 디자이너 수이.
바쁜 일상에서 놓치기 쉬운 작고 아름다운 것들을 사랑하며, 창작과 표현에 큰 영감을 받고 있습니다.
'작고 아름다운 것'이라는 의미를 지닌 리빙 브랜드 'PETIT ET BEAU(쁘띠에보)'의 크리에이티브 디렉터이자
소중한 것을 담아내는 작업실 '수이아틀리에'를 운영하며 플라워&웨딩 일러스트레이션 수업을 진행하고 있습니다.
INSTAGRAM: @sui_atelier

페이퍼 커팅으로 만나는 꽃과 동물의 정원
페이퍼 가든

초판 1쇄 2016년 9월 23일

지은이 | 정수정(SUI)
펴낸이 | 서인석
펴낸곳 | ㈜제우미디어
출판등록 | 제 3-429호
등록일자 | 1992년 8월 17일
주소 | 서울시 마포구 독막로 76-1 한주빌딩 5층
전화 | 02-3142-6845
팩스 | 02-3142-0075
홈페이지 | www.jeumedia.com

ISBN 978-89-5952-518-8

값은 뒤표지에 있습니다.
파본은 본사나 구입하신 서점에서 교환해 드립니다.

| 만든 사람들 |
출판사업부총괄 | 손대현
편집장 | 전태준
기획편집 | 홍지영
기획팀 | 문대현, 최현준
영업 | 김영욱, 박임혜
제작 | 김금남
디자인 | 디자인그룹올
인쇄·제본 | ㈜신우디피케이, 정민제본

PROLOGUE

우리 모두에게는 시간이 필요할 때가 있습니다.

그런 시간을 쉬이 기다리기 어려울 때

아무 생각도 하지 않고 머리를 맑게 하고 싶을 때

작은 성취감을 느끼고 싶을 때

그저 즐거움이 필요할 때…….

어떠한 형태로든 이 책이 당신의 작은 힘이,

작은 활력소가 되었으면 좋겠습니다.

PAPER GARDEN
PREVIEW

»17

»19

»21

»23

»25

»27

»29

»31

»33   »35   »37   »39

»41   »43   »45   »47

»49   »51   »53   »55

»57   »59   »61   »63

»65

»67

»69

»71

»73

»75

»77

»79

»81

»83

»85

»87

»89

»91

»93

»95

 »97

 »99

 »101

 »103

 »105

 »107

 »109

 »111

 »113

 »115

 »117

 »119

 »121

 »123

 »125

 »127

Paper garden
페이퍼 커팅

사각사각, 종이를 칼로 자르면서 하나의 작품을 만들어 내는 일련의 과정.
페이퍼 커팅 아트는 연필, 붓이 아닌 칼로 종이를 자르며
새로운 아트웍을 만들어냅니다.
또한, 커팅으로만 끝나는 것이 아니라 인테리어 데코, 파티 소품,
선물 포장 등 다양하게 사용할 수 있습니다.

페이퍼 커팅 준비물

칼
기본적인 문구용 칼도 칼날이 날카롭다면 충분히 페이퍼 커팅을 할 수 있습니다. 조금 더 섬세한 작업을 원한다면 아트 나이프 혹은 30도 이상의 칼을 사용하는 것이 좋습니다.

고무 매트
도안 아래 고무 매트를 깔고 커팅을 하면 어디서든 칼자국을 남기지 않고 작업이 가능합니다. 또한, 고무 성질 때문에 종이가 덜 밀리고 커팅이 용이할 수 있도록 도와줍니다. 고무 매트는 너무 딱딱한 것보다는 살짝 부드러운 것이 좋습니다.

마스킹 테이프
접착력이 약한 마스킹 테이프는 도안 뒷면에 붙여서 작업하면 종이가 단단해져 섬세한 커팅이 가능합니다. 또한, 종이가 찢어졌을 때 0.3mm 정도의 얇은 마스킹 테이프를 도안 뒷면에 붙여주면 찢어진 부분을 쉽게 붙일 수 있습니다.

가위
칼을 사용하면 굳이 필요하지 않지만, 둥근 면을 자를 때 혹은 큰 면적을 오릴 때는 가위를 사용하면 더욱 빠르게 작업할 수 있어요. 가위는 끝이 뾰족한 퀼트·수예용 가위가 좋습니다.

페이퍼 커팅 방법

1 원하는 페이지를 골라 도안의 선을 따라서 커팅을 해줍니다. 이때 어떠한 선을 커팅해야 하는지 헷갈릴 경우, 목차의 미리보기를 참고합니다.

2 안쪽의 작은 면부터 커팅합니다. 큰 면을 먼저 커팅하면 작은 면을 커팅할 때 종이가 밀려서 찢어질 수 있어요.

TIP 섬세한 도안의 경우 뒷면에 마스킹 테이프를 붙여주세요. 마스킹 테이프는 종이가 밀려 찢어지는 것을 방지해줍니다. 작업이 끝나면 종이 찢어지지 않도록 살살 떼어주세요.

3 가장 마지막으로 테두리를 커팅합니다. 이때 모서리와 모서리가 만나는 부분, 끄트머리가 커팅이 안 될 경우가 있으므로 주의하여 작업합니다.

TIP 종이를 돌려가면서 작업을 하면 테두리를 섬세하게 작업할 수 있어요!

4 모든 도안은 반전이 되어 있어요. 커팅 후 뒷면을 사용합니다.

활용하는 방법

페이퍼 커팅 후 도안 뒷면에 색연필이나 파스텔, 물감 등의 다양한 미술재료를 사용해 채색해 주면 새로운 느낌의 아트웍을 연출할 수 있습니다.

투명한 느낌을 원한다면 수채화 물감을, 부드러운 느낌을 원한다면 파스텔을, 쉽고 빠른 작업을 원한다면 색연필 등 재료의 특성에 맞춰 채색해 보세요!

페이퍼 가든, 베타테스터 분들이 먼저 만나보셨습니다.

수현: 작은 부분부터 잘라내야 하는 게 포인트고요. 아트 나이프가 없더라도 30도 칼날을 일반 커터 칼에 넣어서 쓰니 훨씬 세밀하게 잘 잘리는 것 같았어요. 또 힘을 너무 주면 온 힘이 칼끝에 실려서 부러질 수 있는데 이 부분 특히 조심해야 할 것 같아요. 이렇게 해서 완성된 작품을 뒤집으면 의외로 잘 자른 것처럼 보여서 진짜 작품처럼 느껴지더라고요. 집중도 되고 잡생각이 많을 때 하면 시간 가는 줄 모르고 할 수 있을 거예요.^^

현진: 커터 칼 하나만으로 예쁜 작품을 만들 수 있는 게 페이퍼 커팅의 가장 큰 장점인 것 같아요. 완성도를 높이고 싶다면 일반 커터 칼보다는 30도 칼을 추천해요. 또 안쪽 작은 부분부터 자르면 찢어지지 않고 훨씬 쉽게 커팅 할 수 있을 거예요! 페이퍼 커팅 아트는 활용도도 높고, 초보자들도 집중해서 쉽게 만들 수 있는 아트인 것 같아요.

보슬: 남편과 함께 마주 앉아 페이퍼 커팅을 하였는데 자르면서 서로 도란도란 일상적인 이야기를 나누니 색다르면서도 달달하니 좋더라고요. 또 남편의 세심함을 볼 수 있었던 좋은 기회였던 것 같아요. 내남자의 세심함을 테스트해보고 싶으신 분들에게는 최고의 테스트가 될 것 같습니다^^! 처음 페이퍼 커팅을 하는 분들에게 드리고 싶은 팁이 있다면, 같은 방향의 선들은 한 번에 자른 후 또 다른 방향의 선을 자르는 게 좋더라고요! 그리고 칼을 움직이기보다는 종이를 움직이면서 커팅하니 힘이 덜 들어가서 좋았습니다!

DJ: 최대한 선 끝을 맞추면서 세심하게 했습니다! 선에 맞추면 자를 때 집중도 잘 되고 스트레스 받은 것들도 잊을 수 있어 정말 힐링이 되었어요! 그리고 완성된 작품을 보았을 때 정말 뿌듯했어요~

❶ 커팅 후 V에 실을 끼우면 모빌로 사용할 수 있어요.

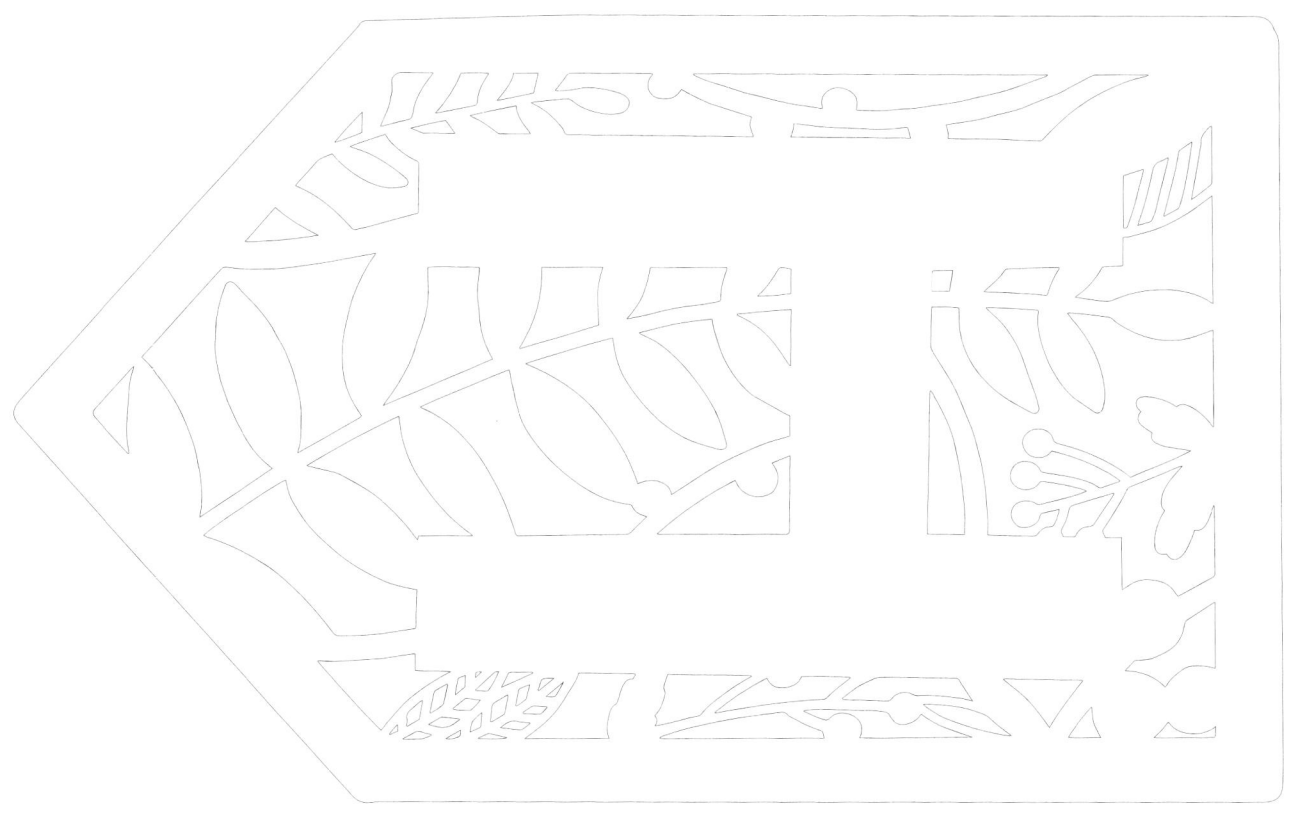

❶ P.35~41까지 모두 커팅하면 'HAPPY DAY'가 완성됩니다.
가렌더로 활용하세요!(P.15 참조)

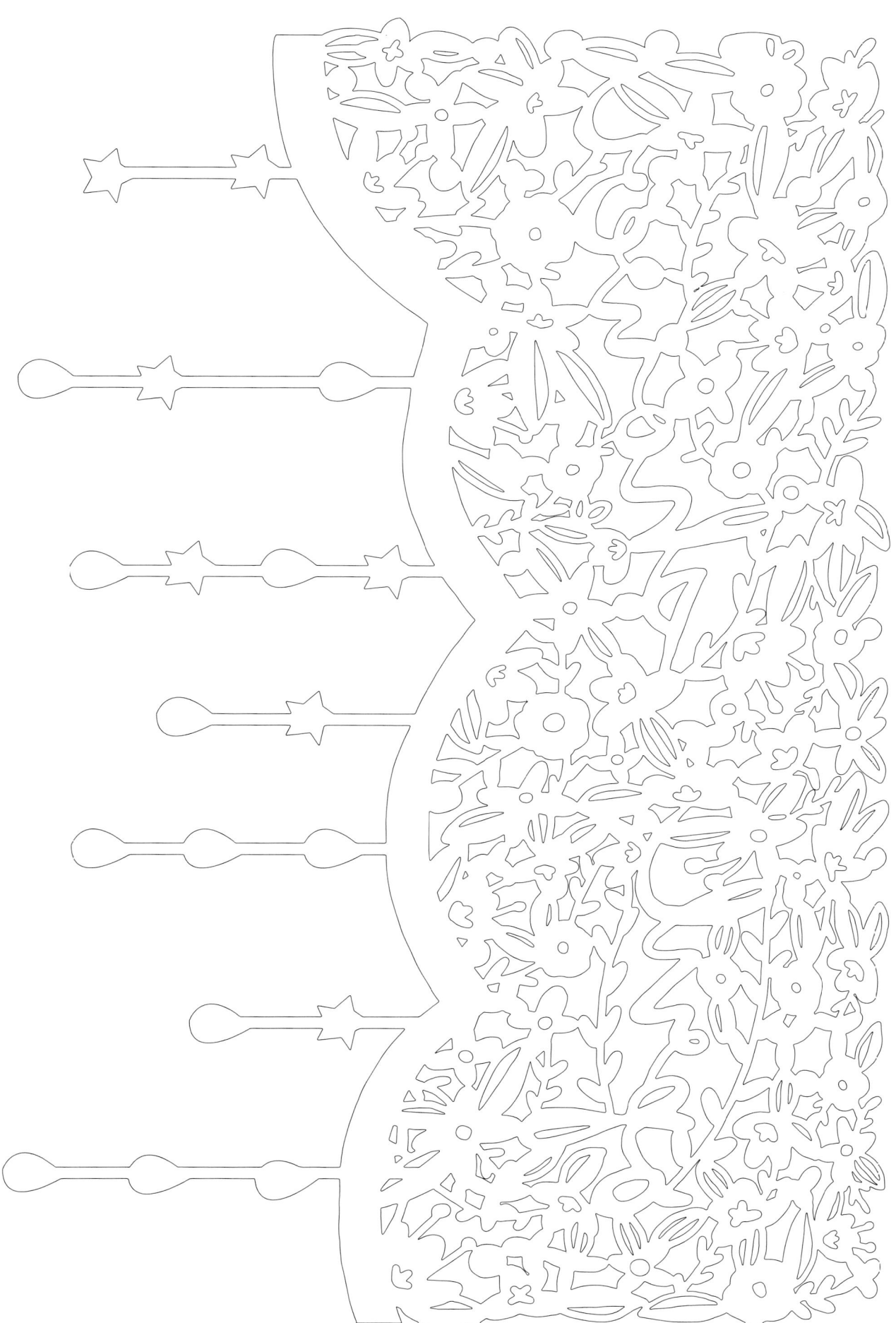

bird bookmark

커팅 후 Pick에 꽂아 가드닝할 때 사용하면 좋아요.

- CHIVES •
- Lemon BALM
- ROSE MARY
- SAGE
- basil
- MY GARDEN

57

Farmer's moustache

줄을 달아 모빌로 사용하세요!

! 달 도안을 커팅하세요(P.14 참조).

여백부분에 메시지를 담아 편지지로 활용하세요!

선물 포장이나 실을 꿰어 모빌로 제작하는 등 다양하게 활용할 수 있어요.

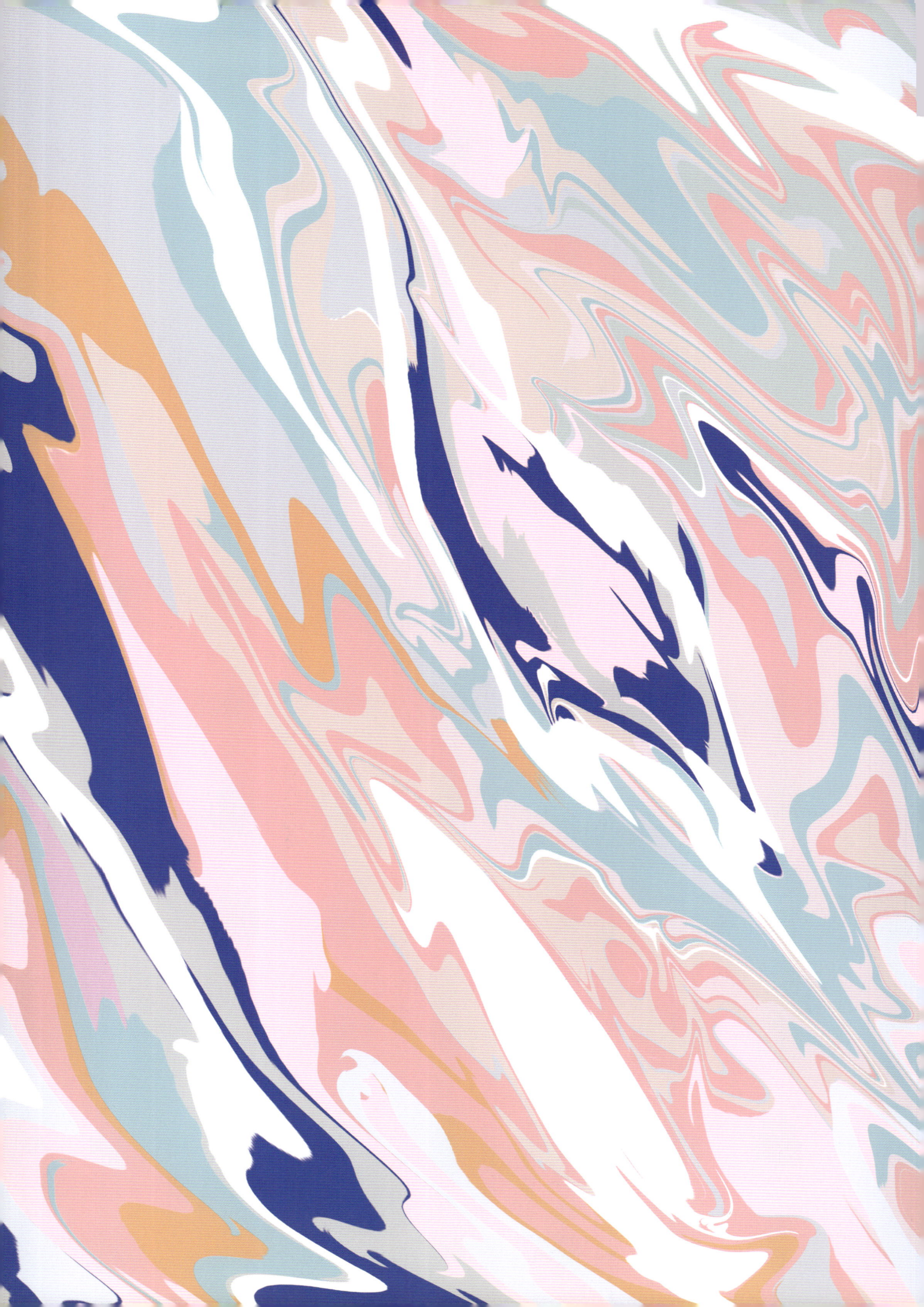

❗ 폴라로이드 사진 액자로 활용하세요!(P.8 참조)

❗ 여백부분에 메시지를 담아 편지지로 활용하세요!